AF452097

LES INDES GALANTES,

BALLET HEROIQUE

REPRÉSENTÉ
POUR LA PREMIERE FOIS,
PAR L'ACADEMIE ROYALE
DE MUSIQUE;

Le Mardy vingt-troisiéme d'Aouſt 1735.

DE L'IMPRIMERIE
De JEAN-BAPTISTE-CHRISTOPHE BALLARD,
Seul Imprimeur du Roy, & de l'Academie Royale de Muſique.

M. DCC XXXXV.

AVEC PRIVILEGE DU ROY.

LE PRIX EST DE XXX. SOLS.

AVERTISSEMENT.

UN Auteur occupé du foin de plaire au Public a-t'il tort de penfer qu'il faut quelquefois effayer de le divertir fans le fecours des Dieux, & des Enchanteurs ? Peut-être en préfentant à ce Public indulgent pour la Nouveauté, des Objets choifis dans les climats les plus reculez, accordera-t'il fon fuffrage à la fingularité d'un Spectacle qui fournit à ERATO & à TERPSICORE l'occafion d'exercer leur génie.

Quoyque la paffion favorite des Heros célebrez par la Déeffe de l'Harmonie infpire les mêmes fentimens fous les deux Poles, il exifte de la difference dans le langage qui les exprime. Exceptons celuy des yeux qui s'entend par tout, & qui empêche l'Amour d'être étranger dans aucuns pays : l'Univers eft fa Patrie. Mais quoyque les Amants fuivent tous la même loy, leurs Caracteres Nationaux ne font pas uniformes; cela fuffit pour répandre dans un Poëme Lirique cette varieté fi neceffaire, à préfent que la fource des Agrémens fimples & naturels femble épuifée fur le Parnaffe.

La premiere Entre'e du Ballet qu'on hazarde aujourd'huy eſt copiée d'après un illuſtre Original. C'eſt le grand-Viſir Topal Oſman, ſi connu par l'excés de ſa generoſité. On peut en lire l'Hiſtoire dans le Mercure de France du mois de Janvier 1734.

J'eſpere que l'on conviendra que le Modelle reſpectable que j'ay choiſi pour former mon vertueux Bacha, autoriſe les traits que j'ay donnez à la Copie: Un Turc ſemblable à Topal Oſman, n'eſt pas un Héros imaginaire; & quand il aime, il eſt ſuſceptible d'une tendreſſe plus noble & plus délicate que celle des Orientaux. Son cœur eſt capable des efforts les plus magnanimes.

La seconde Entre'e remplie par les Incas du Perou, n'a pû être enrichie par la pompeuſe Décoration de leur Temple du Soleil détruit par les heureux Conquerants de l'Amerique, ces Vainqueurs couverts des lauriers les plus dorez qu'on ait jamais cueillis ſur les pas de Bellone.

Garcilaſſo de la Véga, Inca, Hiſtorien du Perou, né à Cuſco * peut ſatisfaire les Curieux ſur les détails de ce riche Empire; ils s'inſtruiront chez cet Auteur Indien de tout ce qui concerne les Incas; On y apprend que leurs Parents les plus éloignez ſe paroient du même Titre ; Celuy de Palla appartenoit

* Cuſco Capitale du Pérou.

à toutes les Princeſſes. On ne tiroit que de la famille
Royalle les principaux Miniſtres de la Religion auſſi
étenduë que le pouvoir du Monarque. Les Ceré-
monies & les Feſtes des Peruviens étoient ſu-
perbes.

Le Volcan qui ſert au Nœud de cette Entrée
Américaine n'eſt pas une invention auſſi fabuleuſe
que les Opérations de la Magie. Ces Montagnes
enflamées ſont communes dans les Indes. Le Mexique
eſt fameux par celle de Popocatépec, qui égale le
Véſuve de Naples & le Gibel de Sicile : Quant au
Perou il eſt fort ſujet aux tremblements de terre.
Bien des Voyageurs eſtimez atteſtent qu'ils ont ren-
contré de ces fournaiſes ſouterraines compoſées de
bitume & de ſouffre qui s'allument facilement, &
produiſent des incendies terribles lorſqu'on fait rou-
ler un ſeul morceau de rocher dans leurs Gouffres
redoutables. Les Naturaliſtes les plus habiles ap-
puyent le témoignage des Voyageurs par des rai-
ſonnemens Phiſiques, & par des Experiences plus
convainquantes encor que les Arguments. Me con-
damnera-t'on, quand j'introduis ſur le Théatre un
Phénoméne plus vray-ſemblable qu'un Enchante-
ment ? & auſſi propre à occaſioner des Symphonies
Cromatiques ? Un Sacrificateur payen, aveuglé par la
jalouſie & guidé par la fureur, ſe ſert de ce dange-
reux Phénoméne pour réuſſir dans ſes projets cri-

minels ; Quels artifices ne rifque pas l'Amour en-
traîné par le defefpoir , & l'impofture cachée fous
le manteau facré de la Religion ? Phani n'eft pas
encore affez defabufée des erreurs de fon culte , pour
n'être pas frappée d'une terreur fuperftitieufe à la vuë
d'un embrafement effroyable qu'on lui affure être une
menace celefte ; cependant fon antipatie pour Huafcar
lui infpire une fermeté que ne luy auroit jamais pro-
curé la raifon ; les idées que cette Princeffe In-
dienne a des Efpagnols , de leurs armes & de leurs
Vaiffeaux , la caraclerifent. Antoine de Solis, & Au-
guftin de Zarate , Relateurs les plus connus des Con-
queftes du Mexique & du Perou , feront les garands
de cette propofition.

Le Divertiffement de la Troisieme Entre'e n'y
eft pas adapté fans fondement. Les Afiatiques aiment
fort les Fleurs. Les Turcs & les Perfans leur confa-
crent des jours dans la plus riante faifon de l'année;
& ces jours font embellis non-feulement par l'expo-
fition des Fleurs favorites rangées avec choix dans
des Vafes façonnez au Japon & à la Chine , mais
encore par des illuminations brillantes dès que la nuit
vient couvrir de fes voiles ces aimables tréfors des
Jardins ; ainfi , j'ay pû faire tranfporter l'inclination
fleurifte dans les Indes par un Prince de Perfe.

On n'a pas oublié dans toutes ces Entrées le goût
que le Public montre à prefent pour les Ballets dan-

ſants , où il découvre un Deſſein raiſonné & Pit-
toreſque. Goût judicieux qui devoit naître plûtôt
dans un ſiecle éclairé, dans un ſiecle témoin du pro-
grez des talens qu'il voit chaque jour , conduits par
des Principes ſeurs, acquerir de la ſcience ſans perdre
des graces.

Acteurs Chantants dans les Chœurs du Prologue & du Ballet.

CÔTE' DU ROY.   CÔTE' DE LA REINE.

Mesdemoiselles	*Messieurs*	*Mesdemoiselles*	*Messieurs*
Dun.	St. Martin.	Antier-C.	Le Myre.
	Lefebvre.		Morand.
Cartou.	Louette.	Thetelette.	Deserre.
			Thurier.
Ducoudray.	Marcelet.	Charlard.	Dautrep.
	Deshais.		Galard.
Delorge.	Buseau.	Lavalée.	François.
	Combault.		
Goussier.	Fel.		Houbault.
	Duplessis.	Deshaigles.	Bourque.
Varquin.	Rimbault.	Bourbonois-C.	Bornet.

Le Recueil general des Paroles des Opera a présentement quatorze Volumes, qu'on vend ensemble   35. liv.
On vend separément les trois derniers ,   9. liv.

On vient de donner aussi *le Cinquiéme Livre des Parodies Nouvelles & des Vaudevilles Inconnus*, qu'on vend six livres, de même que chacun des précédents.

LES

LES INDES GALANTES.

PROLOGUE.

ACTEURS CHANTANTS.

HEBE', *Divinité de la Jeuneſſe*, Mlle· Eeremans.

BELLONNE,   M^r. Cuignier.

L'AMOUR,   Mlle· Petitpas.

ACTEURS DANSANTS.

LES ALLIEZ.

M^r. Bontemps.   } **FRANCOIS.**
Mlle· Fremicourt.

M^r. Javillier-C.   } **ITALIENS.**
Mlle· Petit.

M^r. Dumay.   } **ESPAGNOLS.**
Mlle· Thybert.

M^r. Dupré.   } **POLONOIS.**
Mlle· Rabon.

GUERRIERS;

Meſſieurs Matignon, Malter-C., Savar.

JEUX ET PLAISIRS;

Mademoiſelle Le Breton ;

Meſſieurs Malter-L., Hamoche ;
Meſdemoiſelles, Courcelle, Centuray, Binet,
Saint-Germain.

*La Scene eſt dans les Jardins d'*HEBE'.

LES INDES GALANTES.

PROLOGUE.

Le Theâtre repréfente les Jardins du Palais
D'HEBE'.

SCENE PREMIERE.

HEBE'.

 Ous, qui d'Hebé fuivez les loix,
Venez, raffemblez-vous, accourez à ma voix.
Vous chantez dès que l'Aurore
Eclaire ce beau féjour:
Vous commencez avec le jour
Les Jeux brillans de Terpficore;
Les doux inftans que vous donne l'Amour
Vous font plus chers encore.
Vous, qui d'Hebé, &c.

A ij

SCENE II.

HEBE', Troupe de Jeuneſſe Françoiſe, Eſpagnole, Italienne & Polonoiſe, qui accourt & forme des Danſes gratieuſes.

HEBE'.

Muſettes, réſonnez dans ce riant Boccage,
Accordez-vous ſous l'ombrage
Au murmure des ruiſſeaux,
Accompagnez le doux ramage
Des tendres Oiſeaux.

CHOEUR.

Muſettes, réſonnez dans ce riant Boccage,
Accordez-vous ſous l'ombrage
Au murmure des Ruiſſeaux,
Accompagnez le doux ramage
Des tendres Oiſeaux.

Danſe d'Amants & d'Amantes de la ſuite d'HEBE'.

HEBE'.

Amants, ſeurs de plaire
Suivez vôtre ardeur,
Chantez vôtre bonheur,
Mais ſans offenſer le miſtere.

PROLOGUE.

Il eſt pour un tendre cœur
Des biens dont le ſecret augmente la douceur,
Songez qu'il faut les taire.

Amants ſeurs de plaire,
Suivez vôtre ardeur,
Chantez vôtre bonheur,
Mais ſans offenſer le miſtere.

Danſes interrompues par le bruit des Tambours.

H E B E'.

Qu'entens-je? les Tambours font taire nos Muſettes!..
C'eſt Bellonne : Ses cris excitent les Heros :
Qu'elle va dérober de Sujets à Paphos !

✠✠✠✠✠✠✠✠✠✠✠✠✠✠✠✠✠✠✠✠✠✠✠✠✠✠✠✠✠✠✠✠✠✠✠

SCENE III.

BELLONE, HEBE', & ſa Suite.

BELLONNE arrive au bruit des Tambours
& des Trompettes qui la précedent avec des Guerriers portants des Drapeaux. Elle invite la Suite
d'HEBE' à n'aimer que la gloire.

BELLONNE, à la ſuite d'HEBE'.

LA Gloire vous appelle ; écoutez ſes Trompettes,
Hâtez-vous, armez-vous & devenez Guerriers,

Quittez ces paiſibles retraites,
Combattez ; il eſt temps de cueillir des Lauriers :
La Gloire vous appelle, &c.

Danſe des Guerriers Joüants du Drapeau. Ils ap-
pellent les Amants des Nations alliées. Ces Amants
genereux épris des charmes de la Gloire, ſe ran-
gent près de B E L L O N N E & ſuivent ſes Etendarts.

S C E N E   I V.

H E B E'.

POur remplacer les Cœurs que vous ravit Bellone,
    Fils de Venus lancez vos traits les plus certains ;
Conduiſez les Plaiſirs dans les climats lointains
    Quand l'Europe les abandonne.   On danſe.

C H OE U R.

Traverſez les plus vaſtes Mers,
Volez, Amours, portez vos armes & vos fers
    Sur le plus éloigné Rivage.

Eſt-il un cœur dans l'Univers
Qui ne vous doive ſon hommage.

Traverſez les plus vaſtes Mers,
Volez, Amours, portez vos armes & vos fers
    Sur le plus éloigné Rivage.

Les A M O U R S s'envolent pendant le Chœur, & ſe
diſperſent loin de l'Europe dans les differents
Climats des Indes.

F I N D U P R O L O G U E.

LES INDES GALANTES.

PREMIERE ENTRÉE.

LES INCAS DU PEROU.

ACTEURS CHANTANTS.

HUASCAR-INCA, *Ordon-nateur de la feste du Soleil,* M^r. Chaffé.

PHANI-PALLA *de la Race Royale,* Mlle. Antier.

DOM CARLOS, *Officier Efpa-gnol, Amant de* PHANI, Mr. Jelyote.

ACTEURS DANSANTS.

INCAS ET PERRUVIENS;

Monfieur D-Dumoulin ;

Meffieurs Malter-C., Javillier-L. , Bontemps.

Meffieurs Dupré, Dumay, Savar, Javillier-C.

Mefdemoifelles Petit, Carville, Rabon, Fremiçourt, Le Breton.

La Scene eft dans un Defert des Montagnes du Perou terminé par un Volcan.

LES INDES GALANTES.

PREMIERE ENTRÉE.
LES INCAS DU PEROU.

Le Theâtre repréſente un Deſert du Perou, terminé par une Montagne aride. Le ſommet en eſt
couronné par la bouche d'un Volcan, formée de
Rochers calcinez couverts de cendres.

SCENE PREMIERE.

PHANI-PALLA, DOM-CARLOS
Officier Eſpagnol.

CARLOS.

Ous devez bannir de vôtre ame
La criminelle erreur qui ſéduit les Incas ;
Vous l'avez promis à ma flâme :
Pourquoy differez-vous ? non, vous ne m'aimez pas…

B

PHANI.

Que vous penetrez mal mon secret embaras !
Quel injuste soupçon !.. quoy, sans inquiétude,
Brise-t-on à la fois
Les liens du sang & des Loix ?
Excusez mon incertitude.

CARLOS.

Dans un culte fatal, qui peut vous arrêter ?

PHANI.

Ne croyez point, Carlos, que ma raison balance ;
Mais, de nos fiers Incas je crains la violence...

CARLOS.
Ah ! pouvez vous les redouter ?
PHANI.
Sur ces Monts leurs derniers asiles,
La fête du Soleil va les rassembler tous...

CARLOS.
Du trouble de leurs Jeux, que ne profitons nous ?

PHANI.
Ils observent mes pas...
CARLOS.
Leurs soins sont inutiles,
Si vous m'acceptez pour Epoux.

PHANI.

Allez, preſſez ce moment favorable,
Délivrez-moi d'un ſéjour déteſtable ;
Mais, ne venez pas ſeul . . . quel funeſte malheur !
Si vôtre mort . . . le Peuple eſt barbare, implacable,
Et quelquefois le nombre accable
La plus intrépide valeur.

Allez ; ma crainte eſt pardonable ;
Empruntez du ſecours, raſſemblez vos Guerriers ;
Conduiſez leur courage à de nouveaux lauriers.

SCENE II.

PHANI-PALLA.

Viens, Hymen, viens m'unir au Vainqueur que
j'adore ;
Forme tes nœuds, enchaîne-moi.
Dans ces tendres inſtans où ma flame t'implore,
L'Amour même n'eſt pas plus aimable que toi.

Viens, Hymen, &c.

SCENE III.

PHANI-PALLA, HUASCAR-INCA.

HUASCAR, à part.

ELle eſt ſeule .. parlons ; l'inſtant eſt favorable...
Mais je crains d'un Rival l'obſtacle redoutable.
Parlons au nom des Dieux pour ſurprendre ſon cœur ;
Tout ce que dit l'Amour eſt toujours pardonnable,
Et le Ciel que je ſers doit ſervir mon ardeur.

à PHANI.

Le Dieu de nos climats dans ce beau jour m'inſpire :
Princeſſe, le Soleil daigne veiller ſur vous,
Et lui-même dans notre empire,
Il prétend par ma voix vous nommer un époux.
Vous frémiſſez....d'où vient que votre cœur ſoupire ?

Obéiſſons ſans balancer
Lorſque le Ciel commande.

Nous ne pouvons trop nous preſſer
D'accorder ce qu'il nous demande ;
Y réflechir, c'eſt l'offenſer.

Lorſque le Ciel commande,
Obéiſſons ſans balancer.

PHANI.

Non, non, je ne crois pas tout ce que l'on assure
En attestant les Cieux ;
C'est souvent l'imposture
Qui fait parler les Dieux.

HUASCAR.

Pour les Dieux & pour moy quelle coupable injure !
Je sçais ce qui produit vôtre incredulité,
C'est l'amour. Dans vôtre ame, il est seul écoûté.

PHANI.

L'Amour ! que croyez vous ?

HUASCAR.

Ouy vous aimez, Perfide,
Un de nos Vainqueurs inhumains...
Ciel ! mettras-tu toûjours tes armes dans leurs mains ?

PHANI.

Redoutez le Dieu qui les guide.

HUASCAR.

C'est l'or qu'avec empressement,
Sans jamais s'assouvir, ces Barbares dévorent,
L'or qui de nos Autels ne fait que l'ornement,
Est le seul Dieu que nos Tyrans adorent.

PHANI.

Temeraire ! que dites-vous!
Reverez leur puiſſance & craignez leur couroux.
Pour leur obtenir vos hommages,
Faut-il des miracles nouveaux ?
Vous avez vû de nos Rivages,
Leurs Villes voler ſur les eaux ;
Vous avez vû dans l'horreur de la guerre,
Leur invincible bras diſpoſer du tonnerre...

✶✶✶✶✶✶✶✶✶✶✶✶✶✶✶✶✶✶✶✶✶✶✶✶✶✶✶✶✶✶✶✶✶✶✶✶✶

SCENE IV.

HUASCAR-INCA, UN INCA ſon Confident.

On entend un Prélude qui annonce la Fête du Soleil.

HUASCAR, à part.

*O*N *vient, diſſimulons mes tranſports à leurs yeux...*
à l'INCA qu'il appelle.
Vous ſçavez mon Projet. Allez ; qu'on m'obéiſſe...
à part.
Je n'ay donc plus pour moy qu'un barbare artifice,
Qui de flâme & de ſang peut innonder ces lieux ?
Mais, que ne riſque point un amour furieux !

SCENE V.

FESTE DU SOLEIL.

HUASCAR-INCA , PHANI-PALLA ramenée par des INCAS, PALLAS ET IN-CAS, Sacrificateurs , PERUVIENS, ET PERUVIENNES.

HUASCAR.

SOleil, on a détruit tes superbes aziles,
  Il ne te reste plus de temple que nos cœurs :
Daigne nous écoûter dans ces Deserts tranquilles,
Le zele est pour les Dieux le plus cher des honneurs

Les PALLAS ET INCAS font leur adoration au Soleil.

HUASCAR.

Brillant Soleil, jamais nos yeux dans ta carierre,
  N'ont vû tomber de noirs frimats!
  Et tu répands dans nos climats
  Ta plus éclatante lumiere.

CHOEUR.

Brillant Soleil, &c.

Danse de PERUVIENS ET PERUVIENNES.

HUASCAR.

Clair Flambeau du monde,
L'Air, la Terre & l'Onde
Reſſentent tes bienfaits.
Clair Flambeau du monde,
L'Air, la Terre & l'Onde
Te doivent leurs attraits.

CHOEUR.

Clair Flambeau, &c.

HUASCAR.

Par toy, dans nos champs tout abonde ;
Nous ne pouvons compter les biens que tu nous fais !
Chantons-les ſeulement. Que l'Echo nous réponde,
Que ton nom dans nos Bois retentiſſe à jamais.

CHOEUR.

Clair Flambeau, &c.

HUASCAR.

Tu laiſſes l'Univers dans une nuit profonde
       Lorſque tu diſparais !
Et nos yeux en perdant ta lumiere feconde,
Perdent tous leurs plaiſirs ; la Beauté perd ſes traits.
                  CHOEUR.

CHOEUR.

Clair Flambeau, &c.

HUASCAR.

Permettez, Aſtre du jour,
Qu'en chantant vos feux nous chantions d'autres flâmes;
Partagez, Aſtre du jour,
L'encens de nos ames,
Avec le tendre Amour.

Le Soleil en guidant nos pas
Répand ſes appas,
Dans les routes qu'il pare ;
Raiſon, quand malgré tes ſoins
L'Amour nous égare,
Nous plaît-il moins ?

Vous brillez, Aſtre du jour,
Vous charmez nos yeux par l'éclat de vos flâmes ;
Vous brillez, Aſtre du jour ;
L'Aſtre de nos ames
C'eſt le tendre Amour.

On danſe.

La Fête eſt troublée par un tremblement de terre.

CHOEUR.

Dans les abîmes de la Terre,
Les vents ſe declarent la guerre !

C

L'Air s'obfcurcit , le tremblement redouble,
le Volcan s'allume , & jette par tourbillons
du feu & de la fumée.

C H OE U R.

Les Rochers embrafez, s'élancent dans les airs !
Ils portent jufqu'aux Cieux les flâmes des Enfers !

L'épouvante faifit les PERUVIENS, l'Affemblée
fe difperfe , HUASCAR arrête PHANI,
& le tremblement de terre femble s'apaifer.

SCENE VI.

PHANI-PALLA, HUASCAR-INCA.

HUASCAR, à PHANI qui traverfe le Théâtre
en fuyant.

ARrêtez. Par ces feux le Ciel vient de m'apprendre,
Qu'à fon Arrêt il faut vous rendre ,
Et l'hymen. . . .

P H A N I.

Qu'allez-vous encor me réveler !
O jour funefte ! dois-je croire
Que le Ciel jaloux de fa gloire
Ne s'explique aux Humains qu'en les faifant trembler?

SCENE VII.

PHANI-PALLA, HUASCAR-INCA,
DOM-CARLOS, Officier Espagnol.

HUASCAR, l'arrêtant encore.

Vous fuyez , quand les Dieux daignent vous
    appeller!
Eh bien, Cruelle, eh bien, vous allez me connoître,
Suivez l'Amour jaloux . . . . .

CARLOS.

        Ton crime ose paroître!

PHANI.

Le Soleil jusqu'au fonds des Antres les plus creux
Vient d'allumer la Terre, & son courroux présage . . .

CARLOS.

Princesse, quelle erreur! C'est le Ciel, qu'elle outrage.
    Cet embrâzement dangereux
    Du Soleil n'est point l'ouvrage;

Montrant HUASCAR.

Il eſt celui de ſa rage.
Un ſeul Rocher jetté dans ces Gouffres affreux,
Y reveillant l'ardeur de ces terribles feux,
Suffit pour exciter un ſi fatal ravage. . . .

Le Perfide eſperoit vous tromper dans ce jour,
Et que votre terreur ſerviroit ſon amour ;
Sur ces Monts mes Guerriers puniſſent ſes complices,
Ils vont trouver dans ces noirs précipices
Des tombeaux dignes d'eux. . . .
à HUASCAR.
Mais, il te faut de plus cruels ſuplices.

à PHANI.
Accordez vôtre main à ſon Rival heureux,
C'eſt-là ſon châtiment.

HUASCAR.

Ciel ! qu'il eſt rigoureux !

ENSEMBLE.

PHA. & ⎰ *Pour jamais l'Amour nous engage,*
CARL. ⎱ *Non, non, rien n'eſt égal à ma felicité !*

HUAS. ⎰ *Non rien n'egale ma rage !*
⎱ *Je ſuis témoin de leur félicité.*

PHA. & ⎰ *Ah ! mon cœur a bien mérité*
CARL. ⎱ *Le sort qu'avec vous il partage.*

HUAS. ⎰ *Faut-il que mon cœur irrité*
⎱ *Ne puisse être vangé d'un si cruel outrage ?*

Ils reprennent le Rondeau. PHANI & CARLOS
s'adressent l'un à l'autre les Paroles de ce Trio ;
HUASCAR chante les siennes à part.

SCENE VIII.

Le Volcan se rallume, & le Tremblement de terre
recommence.

HUASCAR.

LA flâme se rallume encore...
Loin de l'éviter, je l'implore...
Abimes embrâzez, j'ay trahy les Autels,
Exercez l'employ du Tonnerre;
Vangez les droits des Immortels;
Déchirez le sein de la Terre;
Sous mes pas chancelans,
Renversez, dispersez ces arrides Montagnes;
Lancez vos feux dans ces tristes Campagnes,
Tombez sur moy, Rochers brûlans.

Le Volcan vomit des Rochers enflâmez qui
écrasent le criminel HUASCAR.

FIN DE LA PREMIERE ENTRE'E.

LES INDES GALANTES.

DEUXIÉME ENTRÉE.

LE TURC GENEREUX.

ACTEURS CHANTANTS.

OSMAN, *Bacha d'une Isle Tur-*
que, de la Mer des Indes,   M^r. Dun.

EMILIE , *jeune Provençale*
*Esclave d'*OSMAN,   Mlle. Pellicier.

VALERE, *Officier de Marine ,*
*Amant d'*EMILIE,   M^r. Jelyote.

ACTEURS DANSANTS.

ESCLAVES AFFRIQUAINS ;

Messieurs Savar , Javillier-C. , Dumay , Dupré.

MATELOTS ;

Monsieur Malter-3. ; Mademoiselle Mariette.
Messieurs Hamoche , Dangeville , P-Dumoulin,
F-Dumoulin.
Mesdemoiselles Petit , Carville , Fremicourt,
Thybert.

La Scene est dans le Port d'une Isle Turque
de la Mer des Indes.

LES INDES GALANTES.

DEUXIÉME ENTRÉE.
LE TURC GENEREUX.

Le Theâtre repréfente les Jardins d'OSMAN
Bacha, terminez par la Mer.

SCENE PREMIERE.
EMILIE, OSMAN.

EMILIE, entrant feule.

C'Eſt Oſman qui me ſuit, ne luy cachons
plus rien;
Pour arrêter ſon feu, découvrons-luy le mien.

OSMAN entrant, à EMILIE.

Chercherez-vous toûjours & l'ombre & le ſilence?

EMILIE.

Je voudrois de mes maux cacher la violence.

D

OSMAN.

Ciel ! qu'entens-je !

EMILIE.

Apprenez mon deſtin rigoureux.
Dans le ſéjour témoin de ma naiſſance
J'épouſois un Amant digne de ma conſtance ;
Sur un bord ſolitaire on commençoit les Jeux,
Lorſque des Raviſſeurs perfides
Paroiſſent le fer à la main ;
La terreur un inſtant ferme mes yeux timides,
Ils ne s'ouvrent qu'aux cris d'un Corſaire inhumain,
Bien-tôt les Vents & le Ciel même
Complices de ſon crime, éloignent ſes Vaiſſeaux,
Et je me vois captive ſur les eaux,
Près de ce que j'abhore, & loin de ce que j'aime.

OSMAN.

Qu'en peignant vos malheurs vous redoublez mes
maux !
Diſſipez vos ennuis ſur cet heureux Rivage.

EMILIE.

J'y ſubis, ſous vos loix, un ſecond eſclavage.

OSMAN.

Me reprocherez-vous de gêner vos deſirs ?
L'unique loy qu'icy vous preſcrit ma tendreſſe,
C'eſt de permettre aux plaiſirs
De vous y ſuivre ſans ceſſe ;
Répondez à mes vœux ; couronnez mes ſoupirs.

EMILIE.

Contre mes Ravisseurs, ardent à me défendre,
Mon Amant a risqué ses jours ;
Lorsque pour prix de son secours,
Peut-être un coup fatal l'a forcé de descendre
Dans l'affreuse nuit du tombeau,
Mon cœur ingrat, d'un feu nouveau
Se laisseroit surprendre!

OSMAN.

Ah ! que me faites vous entendre ?
C'est trop m'outrager par vos pleurs !
Cessez d'entretenir d'inutiles douleurs.

Il faut que l'Amour s'envole
Dès qu'il voit partir l'espoir.

A l'ennuy la constance immole
Le cœur qui la croit un devoir.

Il faut que l'Amour s'envole
Dès qu'il voit partir l'espoir.

Je vous quitte, belle Emilie,
Songez que le nœud qui vous lie
Vous cause chaque jour des tourmens superflus ;
Vous aimez un Objet que vous ne verrez plus.

SCENE II.

EMILIE.

QUe je ne verray plus !... Barbare !
Que me préfage ce difcours ?
Ah ! fi de mon Amant le trépas me fepare,
Si mes yeux l'ont perdu, mon cœur le voit toûjours.

Le Ciel fe couvre de nuages fombres, les vents
fifflent, les flots s'élevent.

La nuit couvre les Cieux ! quel funefte ravage !

L'obfcurité & la tempefte redoublent.

Vafte Empire des Mers où triomphe l'horreur,
Vous étes la terrible image
Du trouble de mon cœur.

Des vents impetueux vous éprouvez la rage,
D'un jufte defefpoir j'éprouve la fureur.

Vafte Empire des Mers où triomphe l'horreur,
Vous étes la terrible image
Du trouble de mon cœur.

La tempefte continue avec la même violence.

CHOEUR de Matelots qu'on ne voit point.

Ciel ! de plus d'une mort nous redoutons les coups !
Serons-nous embrasez par les feux du Tonnerre ?
Sous les Ondes perirons-nous
A l'aspect de la Terre !

EMILIE.

Que ces cris agitent mes sens !
Moy-même je me crois victime de l'orage.

La Tempête diminue & la clarté revient.

Mais le Ciel est touché de leurs perils pressants,
Le Ciel, le juste Ciel calme l'onde & les vents ;
Je souffrois dans le Port les tourments du naufrage.

CHOEUR, qu'on ne voit point, de Matelots
de l'Escadre de VALERE, échapez du naufrage,
& pris par les Turcs.

Que nous sert d'échaper à la fureur des Mers ?
En évitant la mort nous tombons dans les fers.

EMILIE.

D'infortunez Captifs vont partager mes peines
Dans ce redoutable séjour....
S'ils sont Amants, ah ! que l'Amour
Va gemir sur ces bords dans de barbares chaînes !

SCENE III.

EMILIE, VALERE en Esclave.

EMILIE, à part.

UN de ces malheureux approche en soupirant!...
Helas ! son infortune est semblable à la mienne !
Quel transport confus me surprend ?
Parlons-luy. Ma Patrie est peut-être la sienne.

L'abordant.   Le reconnoissant.

Etranger , je vous plains... Ah ! Valere ! c'est vous

VALERE la reconnoissant.

C'est vous ! belle Emilie !

ENSEMBLE.

EMILIE... Ah ! Valere ! c'est vous !
VALERE... C'est vous ! belle Emilie !
Je vous revois ! que de malheurs j'oublie !
De mon cruel destin je ne sens plus les coups.

EMILIE.

Par quel sort aujourd'huy jetté sur cette Rive....

VALERE.

Depuis l'instant fatal qui nous a separez,
Dans cent climats divers mes soupirs égarez
Vous cherchent nuit & jour...je vous trouve captive.

EMILIE.

Et ce n'eſt pas encor mon plus affreux malheur.

VALERE.

O Ciel ! achevez.

EMILIE.

Non, ſuſpendez ma douleur:
De vôtre ſort daignez enfin m'inſtruire.

VALERE.

Un Maître que je n'ay point vû,
Dans ce Palais m'a fait conduire....

EMILIE.

Vôtre Maître eſt le mien.

VALERE,

O bonheur imprévû !

EMILIE.

Valere, quelle erreur peut ainſi vous ſéduire ?
Mon Tyran m'aime....

VALERE.

O deſeſpoir !
Non, vous ne ſortirez jamais de ſon pouvoir !
Quoy ! Valere ne vous retrouve
Que pour vous perdre ſans retour ?
Nôtre Tyran vous aime !

EMILIE.

Et ma douleur le prouve,
Je ne demandois pas ce triomphe à l'Amour.

VALERE.

Ah ! ſçait-on vous aimer dans ce cruel ſéjour !

Sur ces bords une ame enflâmée
Partage ſes vœux les plus doux ;
Et vous meritez d'être aimée
Par un cœur qui n'aime que vous.

****

SCENE IV.

EMILIE, VALERE en Efclave, OSMAN Bacha.

EMILIE, à VALERE.

IL vous entend, helas! comment fuir fa colere?

OSMAN, à EMILIE.

Ne craignez rien ; je dois trop à Valere ;

Montrant VALERE.

Ofman fut fon Efclave, & s'efforce aujourd'huy
D'imiter fa magnificence...
Dans ce noble fentier, que je fuis loin de lui !
Il m'a tiré des fers fans me connaître...

VALERE, l'embraffant.

Mon cher Ofman, c'eft vous ! Ofman étoit mon Maître.

OSMAN.

Je vous ay reconnu fans m'offrir à vos yeux ;
J'ay fait agir pour vous mon zele & ma puiffance.

Les Vaiffeaux de VALERE, avancent & paroiffent chargez des prefens
du Bacha, portez par des Efclaves Afriçains.

Vos Vaiffeaux font rentrez fous vôtre obéïffance.

VALERE, fupris.

Que vois-je ? ils font chargez de vos dons prétieux !
Que de bienfaits !

OSMAN.

Ne comptez qu'Emilie.

VALERE.

O Triomphe incroyable ! ô fublime Vertu !

EMILIE, à OSMAN.

Ne craignez pas que je l'oublie.

OSMAN.

Eftimez moins un cœur qui s'eft trop combatu.

On

On entend les Tambourins des Matelots
de V A L E R E.

Avec douleur.

J'entens vos Matelots … allez sur vos Rivages,
Mes ordres sont donnez … allez, vivez contens…
Souvenez-vous d'Osman…

V A L E R E, l'arrêtant.

Recevez nos hommages.

E M I L I E , à O S M A N.

Ecoûtez…

O S M A N.

Hésitant, s'en allant.

Quoy!.. mais, non, c'est souffrir trop long-temps,
C'est trop à vos regards offrir mon trouble extrême…
Je vous dois mon absence, et la dois à moi-même.

✳✳✳✳✳✳✳✳✳✳✳✳✳✳✳✳✳✳✳✳✳✳✳✳✳✳✳✳✳✳✳✳✳✳✳✳✳✳✳

S C E N E V.

V A L E R E , E M I L I E.

V A L E R E.

FUt-il jamais un cœur plus genereux ?
Digne de nôtre Eloge, il ne veut pas l'entendre…
Au plus parfait bonheur il a droit de prétendre ,
Si la vertu peut rendre heureux.

E

SCENE VI.

EMILIE, VALERE, PROVENCAUX ET
PROVENCALES de leur Escadre,
Esclaves Africains d'OSMAN.

EMILIE ET VALERE.

VOlez, Zephirs, volez jeunes Amants de Flore ;
Si vous nous conduisez, tous nos vœux sont remplis.
Rivages fortunez de l'Empire des Lys,
Ah ! nous vous reverrons encore.

CHOEUR.

Volez, Zephirs, volez jeunes Amants de Flore ;
Si vous nous conduisez, tous nos vœux sont remplis.
Rivages fortunez de l'Empire des Lys,
Ah ! nous vous reverrons encore.

Danse de MATELOTS.

EMILIE.

Fuyez, fuyez Vents orageux,
Calmez les Flots amoureux,
Ris & Jeux.
Charmant Plaisir, fais nôtre sort
Dans la route comme au Port.

Si quittant le Rivage
La raison fait naufrage,
Thetis dans ce beau jour,
N'en sert que mieux l'Amour.

Fuyez, fuyez Vents orageux,
Calmez le Flots amoureux,
Ris & Jeux.
Charmant Plaisir, fais nôtre sort
Dans la route comme au Port.   On danse.

E M I L I E.

Regnez Amours, Regnez, ne craignez pas les flots ;
Vous trouverez sur l'Onde un aussi doux repos
Que sous les Myrthes de Cythere ;
Regnez Amours, Regnez, ne craignez pas les flots ;
Ils ont donné le jour à vôtre aimable Mere.

On danse.

E M I L I E.

Partez, on languit sur le Rivage,
Tendres Cœurs, embarquez-vous :

Voguez ; bravez les vents & l'orage,
Que l'espoir vous guide tous.

Partez, on languit sur le Rivage,
Tendres Cœurs, embarquez-vous.

LE CHOEUR chante cette Parodie en Dialogue
avec E M I L I E.

FIN DE LA DEUXIE'ME ENTRE'E.

PRIVILEGE DU ROY.

LOUIS par la grace de Dieu, Roy de France & de Navarre : A nos amez & feaux Conseillers, les Gens tenans nos Cours de Parlement, Maîtres des Requêtes ordinaires de nôtre Hôtel, Grand Conseil, Prevôt de Paris, Baillifs, Sénéchaux, leurs Lieutenans-Civils, & autres nos Justiciers qu'il appartiendra, Salut. Nôtre cher & bien amé le Sieur LOUIS-ARMAND EUGENE DE THURET, cy-devant Capitaine au Regiment de Picardie ; Nous a fait représenter que, par Arrest de nôtre Conseil du 30. May 1733. Nous avons revoqué le Privilege qui avoit été accordé au Sieur le Comte & ses Assoçiez, pour raison de l'Academie Royale de Musique, ses circonstances & dépendances, & rétablit ledit Privilege en faveur dudit Sieur Exposant, pour en joüir par luy, ses Associez, Cessionnaires & Ayans-cause aux charges & conditions portées par ledit Arrest, pendant le temps & espace de vingt-neuf années, à compter du premier Avril de ladite année 1733 & que pour l'exploitation dudit Privilege, ledit Sieur Exposant se trouve obligé de faire imprimer & graver les Paroles & la Musique des Opera qui doivent être représentez ; mais que pour cet effet il a besoin de nôtre permission & des Lettres qu'il Nous a tres-humblement fait supplier de luy accorder. A CES CAUSES, voulant favorablement traiter ledit Exposant : Nous luy avons permis & permettons par ces Presentes de faire imprimer & graver *les Paroles & Musique des Opera, Ballets & Fêtes qui ont été ou qui seront représentez par l'Academie Royale de Musique, tant séparêment que conjointement* en tels Volumes, forme, marge, caractere, & autant de fois que bon luy sembleta, & de les faire vendre & débiter par tout nôtre Royaume, pendant le temps de vingt-neuf années consecutives, à compter du jour de la datte desdites Presentes. Faisons défenses à toutes personnes, de quelque qualité & condition qu'elles soient d'en introduire d'Impression ou Gravûre Etrangere dans aucun-lieu de nôtre obeïssance : Comme aussi à tous Imprimeurs, Libraires, Graveurs, Imprimeurs, Marchands en Taille-Douce, & autres de graver, ny faire graver, imprimer, ou faire imprimer, vendre, faire vendre, débiter ny contrefaire lesdites Impressions, Planches & Figures, de Paroles, de Musique des Opera, Ballets & Fêtes, qui ont été ou qui seront representez par ladite Academie Royale de Musique, tant separémen; que conjointement en tout ny en partie, sans la permission expresse & par écrit dudit Sieur Exposant, ou de ceux qui auront droit de luy ; à peine de confiscation, tant des Planches & Figures, que des Exemplaires contrefaits & des Ustanciles qui auront servy à ladite contrefaçon, que Nous entendons être saisis en quelque lieu qu'ils soient trouvez ; de dix mille livres d'amende contre chacun des Contrevenans, dont un tiers à Nous, un tiers à l'Hôtel-Dieu de Paris, l'autre tiers audit Sieur Exposant, & de tous dépens, dommages & interests, à la charge que ces Presentes seront enregistrées tout au long sur le Registré de la Communauté des Libraires & Imprimeurs de Paris, dans trois Mois de la datte d'icelles ; Que la Gravûre & Impression desdites Paroles & Opera sera faite dans nôtre Royaume & non ailleurs, en bon papier & beaux caracteres, conformément aux Reglemens de la Librairie, & notamment à celui du dix Avril 1725. & qu'avant que de les exposer en vente, les Manuscrits gravez ou imprimez seront remis dans le même état où les Aprobations, auront été données és mains de nôtre tres-cher & feal Chevalier Garde des Sceaux de France, le Sieur Chauvelin ; & qu'il en sera ensuite remis deux Exemplaires de chacun dans de nôtre Bibliotheque publique, un dans celle de nôtre Château du Louvre, & un dans celle de nôtre tres-cher & feal Chevalier Garde des Sceaux de France, le Sieur Chauvelin ; Le tout à peine de nullité des Presentes ; Du contenu desquelles Vous mandons & enjoignons de faire joüir ledit Sieur Exposant, ou ses Ayants-cause, pleinement & paisiblement sans souffrir qu'il leur soit fait aucun trouble ou empeschement. Voulons que la Copie desdites Presentes, qui sera imprimée tout au long au commencement ou à la fin desdites Paroles ou Opera, soit tenuë pour dûëment signifiée ; & qu'aux Copies collationnées par l'un de nos amez & feaux Conseillers & Secretaires, foy soit ajoûtée comme à l'Original. Commandons au premier nôtre Huissier ou Sergent, de faire pour l'execution d'icelles tous Actes requis & necessaires, sans demander autre permission, & nonobstant Clameur de Haro, Charte Normande & Lettres à ce contraires. CAR tel est nôtre plaisir. DONNE' à Fontainebleau le douziéme jour de Novembre, l'An de Grace mil sept cent trente-quatre, & de nôtre Regne le vingtiéme ; *Et plus bas.*, Par le Roy en son Conseil. *Signé* SAINSON, avec paraphe.

J'ay cedé à M. BALLARD le present Privilege, suivant le Traité fait avec luy le premier Septembre 1730. A Paris ce 23. Novembre 1734. DE THURET.

Registré ensemble la Cession sur le Registre VIII. de la Chambre Royale des Libraires & Imprimeurs de Paris. N. 797. fol. 779. conformément aux anciens Reglemens confirmez par celuy du 28. Fevrier 1723. A Paris le 23. Novembre 1734. G. MARTIN, Syndic.

LES INDES GALANTES.

TROISIÉME ENTRÉE.

LES FLEURS,

FESTE PERSANE:

CETTE ENTRE'E EST NOUVELLE;

Elle a été repréfentée pour la premiere fois,
Le Dim. onziéme Septembre 1735.

A

ACTEURS CHANTANTS.

TACMAS, *Prince Persan,*
Roy dans les Indes.   M^r. Tribou.

FATIME, *Sultane Favorite,*
déguisée en Esclave Polonois.   Mlle. Petitpas.

ATALIDE, *Sultane.*   Mlle. Eeremans.

ROXANE, *Confidente*
d'ATALIDE,   Mlle. Bourbonois.

ACTEURS DANSANTS.

ZEPHIRE,   Monsieur D-Dumoulin.
BORE'E,   Monsieur Javillier-L.
LA ROSE,   Mademoiselle Sallé.

DIFFERENTES FLEURS;

Mesdemoiselles Le Breton, Fremicourt Thybert,
Petit, Courcelle, Centuray.

La Scene est dans le Jardin du Palais de TACMAS.

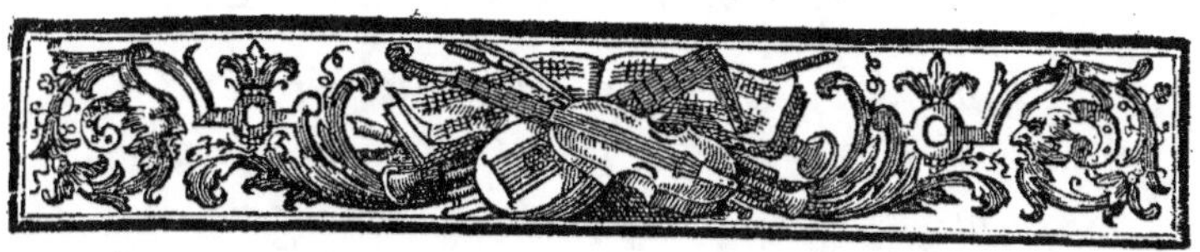

LES INDES GALANTES.

NOUVELLE ENTRÉE.
LES FLEURS,
FESTE PERSANE.

Le Theâtre repréfente les Jardins de TACMAS.

****

SCENE PREMIERE.

ROXANE, FATIME, en Efclave Polonois.

ROXANE, la confiderant.

Ous offrez à nos yeux un Efclave charmant !
Mais, ne craignez-vous point Fatime,
Qu'on ne vous faffe un crime
De ce Déguifement ?

FATIME.

La Fête qui bien-tôt doit être célébrée,
De nos Jardins permet l'entrée ;
Pour me cacher ainfi, j'ay faifi ce moment.

A ij

J'aime Tacmas , & je le crois volage ;
Je ne puis resister à mes transports jaloux…
Je viens chercher sous cet ombrage
Les funestes Attraits qui causent mon courroux.
Je soupçone Atalide…

ROXANE.

Atalide est aimable ;

FATIME.

Cet Objet redoutable
A mes regards encor ne s'est pas presenté ;
Et peut-être ma crainte ajoûte à sa Beauté !

Dans ce jour où des Fleurs on prepare la Fête ,
J'espere la trouver sous ces sombres Ormeaux ;
Et me livrant au soin qui dans ce Bois m'arreste…
Helas ! je vais guerir ou redoubler mes maux !

ROXANE.

Ah ! vôtre Amant peut-il être infidelle ?
Pour le croire constant , il suffit de vous voir.
Un cœur où vous regnez , a-t-il donc le pouvoir
De prendre une chaîne nouvelle ?
Ah ! vôtre Amant peut-il être infidelle ?

FATIME.

L'Hyver dans ces Jardins n'ose outrager les Fleurs ;
Sous cette immortelle verdure
Il n'ose des ruisseaux suspendre le murmure ,
Et jamais, de l'Aurore il n'y glace les pleurs ;

Sans ceſſe dans nos Prez, Flore arreſte Zephire,
Et jamais l'Aquilon ne nous ôte un beau jour;
Tout rit dans ce charmant ſéjour:
Faut-il que ſeule j'y ſoupire?

Je brûle d'éclaircir le ſort de mon amour…

SCENE II.

FATIME, en Eſclave Polonois, ROXANE,
ATALIDE.

FATIME.

ON vient.

ROXANE, ſe retirant.

C'eſt Atalide. Evitons ſa préſence.

ATALIDE, à part, examinant FATIME.

Cet Eſclave eſt nouveau… riſquons ma confidence.
Mon foible cœur eſt las d'enfermer ſon ſecret;
Parlons, quand je devrois trouver un indiſcret,
Je ne puis plus garder un funeſte ſilence.

FATIME, à part, examinant ATALIDE.

Plus je vois ma Rivale, & plus je ſens d'effroy,
Ses charmes, de Tacmas me prouvent l'inconſtance.

ATALIDE, à FATIME.

Aimable Eſclave, apprenez-moy
Si vous ſuivez Tacmas…

FATIME.

Je vis ſous ſa puiſſance,
Je l'ay vû fort long-temps ſe fier à ma foy.

ATALIDE.

Vous possedez sa confiance ?
Que vous étes heureux de pouvoir chaque jour
Luy marquer vôtre zele !

FATIME.

Vous l'aimez ! vos soupirs trahissent vôtre amour...

ATALIDE.

Ouy ; Tacmas est l'Objet de mon ardeur fidelle...

FATIME, saisie.

Vous l'aimez...

ATALIDE.

Je l'adore & mon cœur enflâmé
N'a jamais tant aimé !

La chaîne qui m'engage est faite
Pour n'en briser jamais les nœuds.

Ma tendresse est aussi parfaite
Que le cher Objet de mes vœux.

La chaîne qui m'engage est faite
Pour n'en briser jamais les nœuds.

FATIME, à part.

Elle aime trop, helas ! pour n'être point aimée...
Vivement à ATALIDE.
Ah ! c'est d'un Inconstant que vous êtes charmée !

Un Inconstant devroit-il être heureux ?
C'est un crime que sa victoire ?
Plus il trahit de tendres feux,
Plus il se croit comblé de gloire.

Un Inconstant devroit-il être heureux ?
C'est un crime que sa victoire.

ATALIDE.

Un Inconstant ! que dites-vous ?
Le Prince n'aime que Fatime...
Ses discours, ses soupirs, ses regards tout l'exprime ;
Croyez-en mes transports jaloux...

FATIME, vivement.

Tacmas n'est point volage ! O Ciel ! est-il possible !

ATALIDE, surprise.

J'esperois que mes maux vous trouveroient sensible,
Je comptois sur vos soins pour toucher mon Amant,
Et vous semblez jouir de mon cruel tourment !

SCENE III.

FATIME, en Esclave Polonois, ATALIDE,
TACMAS.

ATALIDE.

TAcmas approche. Amour, c'est toy seul que j'im-
plore,
Tu dois servir mon cœur de même qu'il t'adore.

TACMAS, examinant FATIME.

Un Esclave inconnu dans ces lieux ose entrer !
Quoy, Fatime, c'est vous !

ATALIDE, à part.

            Ciel ! c'est à ma Rivale,
Que je suis venu declarer
Son triomphe éclatant & ma peine fatale...

SCENE IV.

TACMAS, FATIME, en Esclave Polonois.

TACMAS.

Fatime, expliquez-moy vôtre déguisement.

FATIME.

Au repos de mon cœur il étoit necessaire.
     De ce cœur fidelle & sincere,
     Il vient de calmer le tourment...
     Je craignois vôtre changement.

TACMAS.

     Eh quoy ! trop injuste Fatime,
   Vous m'avez soupçonné d'un crime ?
Vous vous étes livrée à des soupçons jaloux !
Pour accuser mes feux, quelle preuve avez-vous ?

                              FATIME.

FATIME.

La Jalousie est-elle sage ?

L'aimable Aurore, envain se leve sans nuage,
Et nous promet un jour charmant ;
Pour troubler l'Univers, il ne faut qu'un moment,
Nos cœurs comme les flots sont sujets à l'orage.

ENSEMBLE.

Après l'orage, un doux repos
Calme les cœurs comme les flots.

On entend le Prélude de la Fête.

TACMAS.

Fatime ; ces Concerts nous annoncent la Fête
Qu'à la gloire des Fleurs, dans ce Bois on aprête :
Allons-y ; près de vous je ne la verray pas ;
Près de vous on ne peut penser qu'à vos appas.

SCENE V.

LA FESTE DES FLEURS.

La Ferme s'ouvre ; alors tout le Theâtre représente des Berceaux illuminez &
décorez de Guirlandes, & de Pots de Fleurs. Des Symphonistes & des Esclaves
chantants sont distribuez dans des Balcons de feüillages. D'aimables Odaliques
de diverses Nations de l'Asie portent dans leurs coëffures & sur leurs habits, les
Fleurs les plus belles : L'une, a pour parure, la Rose ; L'autre, la Jonquille :
Enfin, toutes se singularisent par des Fleurs differentes.

CHOEUR.

DAns le sein de Thetis précipitez vos feux,
Fuyez, Astre du jour, laissez regner les ombres ;
Nuit, étendez vos voiles sombres ;
Vos tranquiles moments favorisent les Jeux.

B

TACMAS, à FATIME.

C'eſt vous qui faites mes beaux jours,
Que de Fleurs ſous vos pas vont s'empreſſer de naître!
Que de Zéphirs, en les voyant paraître,
Vont voler près de vous & ſuivre les amours!

On danſe.

ROXANE.

Triomphez agreables Fleurs,
Répandez vos parfums, ranimez vos couleurs.

CHOEUR. *Triomphez,* &c.

ROXANE.

C'eſt parmi vous qu'Amour cache ſous la verdure
Ses feux les plus ardents, ſes plus aimables traits:
Le Printemps vous doit ſes atraits,
Vous parez la Saiſon qui pare la Nature.

CHOEUR. *Triomphez,* &c.

ROXANE.

Vous tenez le rang ſuprême
Sur les bords de nos Ruiſſeaux;
Et vous embelliſſez dans les jours les plus beaux,
La Beauté même.

CHOEUR. *Triomphez,* &c.

FATIME.

Regnez Amours, volez Zephirs,
De nos Bois vous faites les charmes...

Fuyez soupçons fâcheux, fuyez tristes allarmes,
Gardez-vous d'occuper le séjour des plaisirs.

Regnez Amours, volez Zéphirs,
De nos Bois vous faites les charmes.

On danse.

FATIME.

Papillon inconstant, vole dans ce Boccage,
Arrête-toy, suspens le cours
De ta flâme volage.

Jamais si belles fleurs sous ce naissant ombrage
N'ont merité de fixer tes amours.

Papillon inco nstant, vole dans ce Boccage,
Arrête-toy, suspens le cours
De ta flâme volage.

BALLET DES FLEURS.

CE Ballet reprefente pittorefquement le fort des Fleurs dans un Jardin. On les a perfonifiées ainfi que Borée & Zéphire , pour donner de l'ame à cette Peinture galante , executée par d'aimables Efclaves de l'un & de l'autre fexe. D'abord les Fleurs choifies qui peuvent briller davantage au Théatre danfent enfemble, & forment un Parterre qui varie à chaque inftant. La Rofe leur Reine danfe feule. La Fefte eft interrompuë par un orage qu'amene Borée ; les Fleurs en éprouvent la colere, La Rofe réfifte plus long-temps à l'ennemy qui la perfecute ; les Pas de Borée expriment fon impetuofité & fa fureur ; les attitudes de la Rofe peignent fa douceur & fes craintes ; Zéphire arrive avec fa clarté renaiffante ; il ranime & releve les Fleurs abatues par la tempête , & termine leur Triomphe & le fien par les hommages que fa tendreffe rend à la Rofe.

F I N.

Le Privilege eft à la fin de l'ancienne Entrée.

A P R O B A T I O N.

J'AY lû par Ordre de Monfeigneur le Garde des Sceaux, *Le Ballet des Indes Galantes,* Fait ce dix-huitiéme Aouft mil fept cent trente-cinq. GALLYOT.

www.ingramcontent.com/pod-product-compliance
Lightning Source LLC
LaVergne TN
LVHW021816170726
843503LV00007B/3208